8° Ln 27 20787

Paris
1780

Burigny, Jean Levesque de

Lettre...sur les démêlés de M. de Voltaire avec M. de Saint-Hyacinthe

janvier

Ln. 20787.

LETTRE
DE M. DE BURIGNY,

De l'Académie Royale des Inscriptions & Belles-Lettres,

A M. L'ABBÉ MERCIER,

Abbé de Saint-Léger de Soissons, ancien Bibliothécaire de Sainte-Géneviève, &c.

Sur les démélés de M. DE VOLTAIRE avec M. DE SAINT-HYACINTHE ; dans laquelle on trouvera des Anecdotes Littéraires & quelques Lettres de MM. DE VOLTAIRE & DE SAINT-HYACINTHE.

A LONDRES,

Et se trouve A PARIS,

Chez VALADE, Imprimeur-Libraire, rue des Noyers.

M. DCC. LXXX.

LETTRE

DE M. DE BURIGNY

A M. L'ABBÉ DE ST LÉGER,

Sur les démêlés de M. DE VOLTAIRE avec M. DE SAINT-HYACINTHE.

Vous m'avez pressé, Monsieur l'Abbé, avec tant d'inſtance de vous apprendre ce que je ſavois des diſputes de M. de Voltaire & de M. de Saint-Hyacinthe, que je ne peux pas me diſpenſer de ſatisfaire votre curioſité. Je vous avoue cependant que ce n'eſt qu'avec douleur que je me rappelle tout ce qui s'eſt paſſé dans cette querelle. Il eſt triſte de voir des gens de lettres, avec leſquels on a des liaiſons, ſe livrer à des excès dont ils rougiroient eux-mêmes, ſi la colère, que les Anciens regar-

A

doient comme une espece de folie, n'affoiblissoit leur raison. Pour être instruit de ce qui s'est passé dans cette occasion, vous ne pouviez pas mieux vous adresser qu'à moi. M. de Saint-Hyacinthe étoit mon intime ami & M. de Voltaire, avec qui j'avois quelque liaison, me porta ses plaintes contre M. de Saint-Hyacinthe, & me pressa de le déterminer à lui faire satisfaction de l'injure qu'il prétendoit en avoir reçue; de sorte que personne n'a été plus au fait que moi de tout ce qui s'est fait de part & d'autre dans ce different.

Je crois devoir d'abord vous faire connoître M. de Saint-Hyacinthe. Il étoit entré fort jeune dans le régiment Royal; ayant été fait prisonnier à la bataille d'Hochstet, il fut mené en Hollande, où, ayant fait connoissance avec plusieurs gens d'esprit, il prit la résolution de renoncer à la profession militaire, pour s'appliquer entiérement aux Belles-Lettres & à la Philosophie.

C'étoit précisément dans le temps qu'il y avoit à Paris une dispute très-animée sur la comparaison des Anciens avec les Modernes. Les partisans de l'antiquité prêtoient au ridicule par leur exagération en faveur de ceux à qui ils donnoient la préférence, & par le peu de justice qu'ils rendoient aux bons Ecrivains de notre ſiecle. Cette partialité fut l'occaſion du Livre intitulé : *Le Chef-d'œuvre d'un Inconnu, par Mathanaſius*, que M. de Saint-Hyacinthe fit imprimer en Hollande. Ce joli Ouvrage eut le plus grand ſuccès : Paris en fut enthouſiaſmé pendant quelque tems ; & on le liſoit avec d'autant plus de plaiſir, qu'outre que les commentateurs paſſionnés des Anciens y étoient tournés dans le plus grand ridicule, par l'imitation parfaite que l'Auteur avoit faite de leur méthode dans l'explication des Ecrivains de l'antiquité, on y trouvoit quelques traits aſſez plaiſans qui avoient rapport aux Jéſuites & à la Bulle *Unigenitus*, qui cauſoit pour lors les plus grandes diſputes, & qui ſouffroit beaucoup de contradiction.

Ce fut dans ce moment que M. de Saint-Hyacinthe quitta la Hollande pour venir à Paris : il y fut accueilli de la maniere la plus agréable ; les gens d'eſprit étoient empreſſés de voir un homme qui leur avoit procuré beaucoup de plaiſir.

Son Ouvrage étoit entre les mains de tout le monde : on en avoit retenu divers traits, qu'on ſe plaiſoit à répéter. Il fit connoiſſance avec M. de Voltaire, qui commençoit déja cette carriere brillante, dont il n'y a point d'exemple dans notre histoire littéraire. On représentoit alors Œdipe, où tout Paris accouroit. Je me souviens que M. de Saint-Hyacinthe se trouvant à une de ces nombreuses représentations près de l'Auteur, lui dit, en lui montrant la multitude des spectateurs : *Voilà un éloge bien complet de votre tragédie* ; à quoi M. de Voltaire répondit très-honnêtement : *Votre suffrage, Monsieur, me flatte plus que celui de toute cette assemblée.*

Ils se voyoient quelquefois, mais sans être fort liés ; ils se rendoient pour lors justice l'un à l'autre.

Quelques années après, ils se retrouverent tous deux en Angleterre ; & ce fut dans ce voyage que leur haine commença, pour durer le reste de leur vie.

M. de Saint-Hyacinthe m'a dit & répété plusieurs fois que M. de Voltaire se conduisit très-irréguliérement en Angleterre ; qu'il s'y fit beaucoup d'ennemis, par des procédés qui ne s'accordoient pas avec les principes d'une morale exacte ; il est même entré avec moi dans des détails que je ne rapporterai point, parce qu'ils peuvent avoir été exagérés.

Quoi qu'il en soit, il fit dire à M. de Voltaire, que s'il ne changeoit de conduite, il ne pourroit s'empêcher de témoigner publiquement qu'il le défapprouvoit ; ce qu'il croyoit devoir faire pour l'honneur de la nation Françoife, afin que les Anglois ne s'imaginaffent pas que les François étoient fes complices & dignes du blâme qu'il méritoit.

On peut bien s'imaginer que M. de Voltaire fut très-mécontent d'une pareille correction ; il ne fit réponfe à M. de Saint-Hyacinthe que par des mépris ; & celui-ci, de fon côté, blâma publiquement, & fans aucun ménagement, la conduite de M. de Voltaire. Voilà la querelle commencée ; nous allons en voir les fuites.

Ce fut M. de Saint-Hyacinthe qui prit le premier la plume dans cette difpute : il fe propofa de faire une critique de la Henriade ; & en 1728, il fit imprimer à Londres un petit Ouvrage fous ce titre : *Lettres critiques fur la Henriade de M. de Voltaire*; l'année de l'impreffion n'eft pas marquée dans le titre ; mais on trouve la date de l'Ouvrage à la fin, où on lit : *Londres, 22 Avril 1728*.

Cette Lettre n'eft que la critique du premier chant de la Henriade ; elle ne fut fuivie d'aucune autre. M. de Saint-Hyacinthe me l'envoya : je doute qu'il y en ait d'autre exemplaire à Paris. Cette critique roule prefque toute fur

A iij

des points de grammaire ; elle est assez modérée ; on en peut juger par le jugement que l'Auteur fait de la Henriade.

« Quelque imperfection, dit-il, qui se
» trouve dans le Poëme de M. de Voltaire,
» son Ouvrage n'est pas indigne du nom d'ex-
» cellent, si par excellent on entend un Ou-
» vrage tel que les François n'en ont point de
» pareil qui l'égale. » Puis il ajoute : « Ce
» Poëme étoit fameux avant même qu'il eût
» vu le jour ; c'est ce qu'il a de commun avec
» la *Pucelle* de Chapelain ; mais c'est en cela
» seul que le sort de la Henriade ressemblera à
» celui de la Pucelle. »

M. de Voltaire ne cessoit, dans toutes les occasions, de témoigner sa haine & son mépris pour M. de Saint-Hyacinthe. La bile de celui-ci s'enflamma, & il résolut de se venger par un trait qui offenseroit vivement son adversaire. Il faisoit dans ce tems-là une nouvelle édition de Mathanasius, à laquelle il joignit l'*Apothéose ou la Déification du Docteur Maffo* ; il y inséra la relation d'une fâcheuse aventure de M. de Voltaire, qui avoit été très-indignement traité par un Officier François, nommé Beauregard.

Cette édition du Mathanasius, augmentée de

l'apothéose, ne fit pas grande senfation à Paris, où elle n'avoit pas été imprimée ; mais l'Abbé Desfontaines ayant fait imprimer, dans fa *Voltéromanie*, l'extrait qui regardoit M. de Voltaire, on recommença à parler beaucoup de fa trifte aventure, qui étoit prefque oubliée.

L'Abbé Desfontaines avoit été affez lié avec M. de Voltaire, qui lui avoit donné plufieurs fois des preuves d'amitié ; mais ils s'étoient depuis brouillés, & s'infultoient publiquement. L'Abbé Desfontaines, pour fe venger des difcours injurieux de M. de Voltaire, compofa contre lui un libelle, auquel il donna le titre de *Voltéromanie*, dans lequel M. de Saint Hyacinthe étoit cité, comme nous l'avons dit.

Je me fouviens que cet écrit n'étoit pas encore public, lorfque le Marquis de Loc Maria fe propofa de donner un grand dîner à divers gens de lettres qui ne s'aimoient pas : il y avoit entr'autres l'Abbé Desfontaines, l'Abbé *Prévoft*, *Marivaux*, M. *de Mairan*. Il m'invita à ce repas, en me difant : Je fuis curieux de voir comment mon dîner finira.

Je me rendis chez le Marquis, où je trouvai une grande affemblée ; l'Abbé Desfontaines nous propofa, avant le dîner, d'entendre une lecture qui, difoit-il, nous feroit grand plaifir

A iv

On agréa sa demande ; il nous lut la Voltéromanie, qui, loin de nous faire plaisir, fut regardée comme un libelle très-grossier ; lui seul s'applaudissant, après avoir fini sa lecture, dit ces propres paroles, avec le ton brutal que la nature lui avoit donné, & que l'éducation n'avoit pas corrigé : *Voltaire n'a plus d'autre parti à prendre que s'aller pendre.*

M. de Voltaire ayant appris à Cirey, où il demeuroit, que la Voltéromanie étoit publique dans Paris, écrivit au Comte d'Argenson, qui étoit pour lors à la tête de la Librairie, pour se plaindre de ce qu'on laissoit imprimer à Paris d'aussi infâmes libelles que la Voltéromanie, que l'Abbé Desfontaines avoit rempli de calomnies, & dont l'Auteur méritoit une punition exemplaire.

M. d'Argenson envoya chercher cet Ecrivain, qui nia d'abord que l'Ouvrage fût de lui ; mais ayant été convaincu de mensonge, il eut assez d'effronterie pour assurer qu'il n'y avoit pour lui d'autre moyen de vivre que le style caustique & mordant dont il étoit dans l'usage de se servir ; sur quoi le Comte lui répondit qu'il ne voyoit pas de nécessité qu'il vécût.

M. de Voltaire s'étant imaginé que M. de Saint-Hyacinthe avoit travaillé, conjointement avec l'Abbé Desfontaines, à la Voltéromanie, on fut très-irrité. Il favoit que je vivois avec lui dans la plus grande union, ce qui l'engagea à m'écrire la lettre suivante.

« J'ai bien des graces à vous rendre, Mon-
» sieur, de tous vos bons documens; il faudroit
» avoir l'honneur de vivre avec vous pour
» mettre fin à la grande entreprise à laquelle
» je travaille. Je suis malheureusement dé-
» tourné de mes travaux & persécuté dans ma
» retraite, par la haine de certains Ecrivains,
» par la calomnie, par la plus cruelle ingrati-
» tude. Je ne me plains point de l'Abbé Des-
» fontaines; il fait son métier; il est né pour
» le crime; mais qu'ai-je fait à M. de Saint-
» Hyacinthe ? L'Abbé Desfontaines cite un
» libelle de lui contre moi; je ne sai ce que
» c'est; j'en crois M. de Saint-Hyacinthe inca-
» pable; il est votre ami; & un homme honoré
» de l'amitié d'un homme aussi estimable que
» vous, ne peut écrire un libelle diffamatoire.
» Il est de l'honneur de M. de Saint-Hyacinthe
» de s'en disculper. J'ose espérer qu'une ame
» comme la vôtre l'intéressera à se laver de cet
» opprobre. Voudroit-il se mettre au rang de
» ceux qui déshonorent les Belles-Lettres &

» l'humanité ? Voudroit-il partager hautement
» la scélératesse de l'Abbé Desfontaines, &
» outrager ma famille, une famille d'honnêtes
» gens, nombreuse, & pouvant se venger ? Je
» me flatte, Monsieur, que vous préviendrez
» les suites éternelles qui peuvent en résulter ;
» je vous le demande au nom de l'estime qui
» m'attache à vous depuis si long-tems. Je suis,
» avec un zele infini, Monsieur, votre très-
» humble & très-obéissant serviteur, *Voltaire.* »

Cette lettre fut bientôt suivie d'une autre, qui prouve que M. de Voltaire étoit dans la plus grande agitation : la voici.

A Cirey, le 4 Février.

« Si vous daignez, Monsieur, prévenir les
» suites les plus cruelles d'une affaire, dans
» laquelle plusieurs Officiers de mes parens
» s'intéressent jusqu'à sacrifier leur vie, ayez
» la bonté d'obtenir une réponse de Saint-
» Hyacinthe, je vous en conjure. Il vous doit
» beaucoup ; il ne peut rien, ou du moins ne
» doit rien vous refuser, & je crois qu'il n'o-
» sera point n'être pas vertueux devant vous ;
» vous ne sauriez croire les obligations que je
» vous aurai.

» Souffrez que je vous adresse cette lettre
» pour lui ; le plus grand service que vous puis-
» siez me rendre, est de me faire avoir une
» réponse qui prévienne des suites qui seroient
» affreuses. »

Je fis réponse à M. de Voltaire que M. de Saint-Hyacinthe n'avoit aucune liaison avec l'Abbé Desfontaines; qu'il avoit pour lui le plus grand mépris, & que certainement il n'avoit aucune part à la Voltéromanie.

M. de Voltaire, non content de ces deux lettres qu'il venoit de m'écrire, pria une de ses parentes, qui revenoit de Cirey à Paris, de me venir voir, afin de m'engager à tirer une satisfaction de M. de Saint-Hyacinthe, & à le déterminer à désavouer l'Abbé Desfontaines. Cette Dame vint chez moi, & me dit, avec une grande émotion, que si l'on n'appaisoit pas M. de Voltaire, il y auroit du sang répandu; qu'il étoit dans la plus grande colere, & que plusieurs de ses parens, qui étoient dans le service, partageroient sa querelle. Je répondis à cette Dame, que j'étois prêt à aller avec elle chez M. de Saint-Hyacinthe, & qu'elle seroit contente de la maniere dont je lui parlerois; mais je lui conseillai en même-tems de ne point se servir de menaces, parce que nous avions à faire à un homme sur qui elles ne pouvoient rien; qu'on ne pourroit rien obtenir de lui que par des raisons tirées de l'honnêteté & du devoir.

Nous allâmes sur le champ trouver M. de Saint-Hyacinthe : je lui représentai qu'ayant insulté M. de Voltaire, dans son Apothéose du Docteur Maffo, & ayant donné des armes contre lui à un aussi méchant homme, & aussi méprisable que l'Abbé Desfontaines, il étoit juste de faire une réparation à M. de Voltaire ; qu'autrement celui-ci auroit sujet de croire qu'il étoit complice de l'Abbé Desfontaines.

La parente de M. de Voltaire ajouta, qu'elle souhaiteroit que M. de Saint-Hyacinthe déclarât que ce qui avoit été cité comme étant de lui, lui étoit faussement attribué, & avoit été supposé par l'Abbé Desfontaines.

Cette derniere proposition fut entiérement rejettée. M. de Saint-Hyacinthe dit, que ce qu'on vouloit exiger de lui étoit un mensonge dont il seroit aisé de le convaincre; que tous ses amis savoient qu'il avoit fait l'Apothéose; qu'il l'avoit toujours avouée; il nous conta à ce sujet les raisons qui l'avoient déterminé à se venger de M. de Voltaire.

Enfin, après beaucoup de digressions, j'obtins qu'il écriroit une lettre à M. de Voltaire, dans laquelle il déclareroit qu'il n'avoit aucune part au libelle de l'Abbé Desfontaines ; qu'il n'avoit aucune liaison avec lui ; qu'il avoit pour lui le plus grand mépris, & qu'il étoit très-fâché de ce qu'il avoit inféré dans son misérable écrit cet extrait de l'Apothéose, qu'il avouoit avoir fait autrefois dans un moment de colere. Cette lettre fut effectivement écrite & envoyée à M. de Voltaire, qui n'en fut nullement content, parce qu'il avoit espéré que M. de Saint-Hyacinthe désavoueroit, comme n'étant pas de lui, ce qui en avoit été cité, & qu'en conséquence, il pourroit attaquer l'Abbé Desfontaines comme faussaire.

Depuis ce temps, M. de Voltaire fit profession d'une haine implacable contre M. de Saint-Hyacinthe ; il le décria autant qu'il put, & il chercha toutes les occasions de lui nuire.

Il l'attaqua par l'endroit le plus sensible à un homme de lettres ; il se proposa de lui ôter la gloire d'avoir fait *le Chef-d'œuvre d'un Inconnu*. Voici ce qu'il inséra dans un écrit, qui a pour titre : *Conseils donnés à un Journaliste*.

« Il y a sur-tout des anecdotes littéraires sur
» lesquelles il est toujours bon d'instruire le

« Public, afin de rendre à chacun ce qui lui
» appartient. Apprenez, par exemple, au Public
» que le *Chef-d'œuvre d'un Inconnu*, de Matha-
» nafius, eſt de feu M. de Salengre, d'un il-
» luſtre Mathématicien, confommé dans toute
» forte de littérature, & qui joint l'eſprit à
» l'érudition, enfin de tous ceux qui travail-
» loient au Journal littéraire, & que M. de
» Saint - Hyacinthe fournit la chanſon avec
» beaucoup de remarques ; mais fi on ajoute
» à cette plaiſanterie une infâme brochure faite
» par un de ces mauvais François, qui vont
» dans les pays étrangers déshonorer les Belles-
» Lettres & leur patrie, faites ſentir l'horreur
» & le ridicule de cet aſſemblage monſtrueux ».
*Nouveaux mélanges hiſtoriques, premiere partie,
page* 359.

M. de Voltaire avoit certainement très-grand
tort de nier que M. de Saint-Hyacinthe fût
l'Auteur du *Chef-d'œuvre de l'Inconnu*. J'ai vécu
un an en Hollande dans une très-grande liaiſon
avec MM. *Van-Effen, Salengre* & *s'Graveſende*,
cet illuſtre Mathématicien dont il eſt fait men-
tion dans les *Conſeils à un Journaliſte* ; ils m'ont
tous aſſuré que M. de Saint-Hyacinthe étoit
l'Auteur du *Chef-d'œuvre* ; il eſt bien vrai que
comme il étoit intime ami de ces Meſſieurs, il

leur lisoit son Ouvrage; & il est très-possible qu'ils lui aient fourni quelques citations pour l'embellir, car ils avoient tous trois beaucoup de littérature; mais ils n'ont jamais prétendu partager avec M. de Saint-Hyacinthe l'honneur que ce Livre avoit fait à son Auteur; & effectivement quelques passages qu'ils auront pu lui indiquer, ne les mettoient point en droit de s'approprier cet Ouvrage; aussi ne l'ont-ils jamais fait; c'est de quoi je puis rendre un témoignage certain.

M. de Saint-Hyacinthe fut très-sensible au reproche qui lui étoit fait de se donner pour Auteur d'un Ouvrage qui n'étoit pas de lui; il fut aussi très-offensé de la maniere injurieuse dont M. de Voltaire avoit parlé de l'*Apothéose*; car c'est cet écrit qu'il désigne dans ses *Conseils à un Journaliste*, comme un libelle infâme, fait par un de ces mauvais François qui déshonorent les Belles-Lettres & leur patrie. Il répondit à M. de Voltaire par une lettre, que la plus violente colere semble avoir dictée; elle fut d'abord imprimée dans le XLe volume (seconde Partie) de la *Bibliotheque Françoise*, & ensuite dans le *Volteriana*.

M. de Saint-Hyacinthe y prouve d'abord démonstrativement qu'il est l'Auteur du *Chef-d'œuvre*,

« Quelle est votre imprudence (ce sont ses
» termes) d'aller dire que je n'ai pas fait un
» Livre, dont, depuis plus de trente ans, il est
» de notoriété publique que je suis l'Auteur ?
» Ignorez-vous que M. Pierre Gosse, Libraire
» de La Haye, qui a fait la premiere édition du
» *Chef-d'œuvre d'un Inconnu*, vit encore ; qu'il
» étoit ami particulier de M. de Salengre ; qu'il
» connoissoit ceux qui ont commencé avec moi
» le Journal littéraire ; que si le commentaire
» sur la chanson : *L'autre jour Colin malade*, avoit
» été l'ouvrage de la petite société qui travail-
» loit à ce Journal, M. Jonhson, qui en étoit
» un des Auteurs, auroit sans doute imprimé
» le commentaire ? »

Il ajoute que personne ne s'en est jamais dit l'Auteur, quoique le succès en fût très-heureux.

Il entreprend ensuite l'apologie de la *Déification du Docteur Aristarchus Masso*, que M. de Voltaire avoit traitée avec le plus grand mépris, comme nous l'avons vu : il prétend prouver que cette piece est une critique judicieuse des pédans comme Masso. « J'ai vu,
» dit-il, des personnes que vous n'oseriez
» traiter de viles canailles qu'à quelques lieues
» de

» de distance, qui croyoient qu'il y avoit dans
» cette piece autant de gaité, plus d'art & plus
» de savoir que dans le commentaire sur le
» *Chef-d'œuvre.* »

Après n'avoir oublié aucun des reproches
que les ennemis de M. de Voltaire lui faisoient,
il l'accuse de louer excessivement les Anglois
aux dépens des François, & il ajoute : « J'ai,
» pas un seul trait, un peu trop loué les An-
» glois, je l'avoue ; mais ils m'en ont corrigé,
» & j'ai réparé mon erreur. »

Je l'avois vu effectivement si enthousiasmé
des Anglois, qu'il avoit pris la résolution de
s'aller établir en Angleterre. Il y alla ; mais il
se dégoûta bientôt d'eux, & il abandonna ce
Royaume, en haïssant les Anglois au moins
autant qu'il les avoit aimés.

Il finit cette lettre, qu'il avoit écrite dans
l'accès de la plus furieuse colere, par menacer
M. de Voltaire de publier des anecdotes qui le
regardoient, & qui ne lui feroient pas plaisir,
s'il ne cesse de l'insulter.

« Ces anecdotes, continue-t-il, sont si sin-
» gulieres, que le Public les lira avec un très-
» grand plaisir. Je vous assure que je ne les
» publierai qu'à regret ; mais enfin quand j'en

B

» aurai pris le parti, je m'en acquitterai de
» mon mieux; & ce parti eſt pris, ſi vous ne
» m'accordez pas la grace que je demande.
» Faites-moi donc l'honneur de m'oublier, je
» vous prie; ne vaut-il pas mieux m'oublier,
» que de penſer que je ne ſuis pas votre très-
» humble & très-obéiſſant ſerviteur, SAINT-
» HYACINTHE? »

A Geneken, ce 16 Mai 1745.

M. de Saint-Hyacinthe ne manqua pas de me faire part de l'inſulte que lui avoit faite M. de Voltaire, en lui voulant ôter le Mathanaſius; il m'écrivit à ce ſujet deux lettres qui peignent au naturel la vive colere dont il étoit pénétré.

Sa premiere lettre eſt datée de Geneken, près Breda, où il étoit allé s'établir; il s'y exprime ainſi:

« L'impoſture de Voltaire eſt digne de lui.
» Il a fait mettre dans un Mercure que je
» n'étois pas l'Auteur de Mathanaſius; on m'a
» écrit auſſi d'Amſterdam que cela ſe trouvoit
» auſſi dans un VIe volume, qui vient de pa-
» roître, de ſes Ouvrages. Je ne crois pas que
» je me donne la peine de faire voir ſon im-

» posture ; mais si je la prends, ce sera d'une
» manière si vraie sur tout ce qui le regarde,
» & en même-tems si fâcheuse pour lui, que
» je l'obligerois de s'aller pendre, s'il avoit la
» moindre teinture d'honneur. »

Cette lettre me fut écrite avant celle à M. de Voltaire, dont j'ai rendu compte ; il m'en adressa ensuite une autre, datée aussi de Geneken, du 11 Octobre 1745, qui est du même style.

« Comme on m'a fait sentir, me mandoit-il,
» que de ne pas répondre à cette accusation
» c'étoit m'avouer coupable de l'impudence de
» me reconnoître pour l'Auteur d'un Livre
» que je n'avois pas fait, & mériter d'être traité,
» ainsi qu'il le fait, au sujet de la *Déification*
» *d'Aristarchus Masso*, pour être un de ces mau-
» vais François qui vont dans les pays étrangers
» déshonorer leur nation & les Belles-Lettres,
» je lui ai répondu par une lettre qui se trouve
» imprimée dans le XLe volume de la *Biblio-*
» *theque Françoise* ; & une personne ici de ma
» connoissance, a reçu une lettre de Bruxelles,
» où on lui marque que les accusations de
» Voltaire ayant excité la curiosité de voir dans

« la *Déification d'Aristarchus Masso* ce qui pou-
» voit l'avoir mis de si mauvaise humeur ; on
» en avoit deviné la raison, indiquée déja par
» la *Voltéromanie*; & que depuis ce tems, on
» appelloit les cannes fortes des *Voltaires*, pour
» les distinguer des cannes de roseau ; & qu'au
» lieu de dire : donner des coups de canne ou
» des coups de bâton, on disoit *Voltérifer*; on
» envoyoit même à cette personne une épi-
» gramme qui commençoit :

  » Pour une épigramme indiscrette ;
  » On Voltérisoit un Poëte ;
  » A l'aide, au secours Apollon.

» Voilà ce que sa calomnie lui aura produit.
» Ce qu'il y a de plaisant, c'est que la réponse
» que je lui ai faite, se trouve imprimée immé-
» diatement après l'extrait de son sixieme vo-
» lume, à côté, pour ainsi dire, de l'extrait
» qu'on y trouve des lettres que le Roi de
» Prusse lui a écrites. »

 Ce n'est pas sans répugnance que je rapporte
tous ces indécens détails ; mais l'exactitude
que je vous ai promise m'y oblige.
 Dans le tems de cette malheureuse & scan-
daleuse dispute, M. de Saint-Hyacinthe tra-
vailloit à l'Ouvrage qui a pour titre : *Recherches*

philosophiques sur la nécessité de s'assurer par soi-même de la vérité, sur la certitude des connoissances & sur la nature des êtres.

On lui conseilla de dédier ce Livre au Roi de Prusse, que la protection éclairée dont il favorisoit les gens de lettres avoit rendu aussi célebre dans la littérature, que ses talens militaires avoient inspiré d'admiration pour lui à l'Europe. Il m'envoya cette épître dédicatoire en manuscrit, en me priant de l'examiner & d'en conférer avec ceux que je croirois capables de lui donner de bons conseils. Je ne crus pas pouvoir mieux faire que de consulter M. de Maupertuis, que le Roi de Prusse honoroit de son amitié, qui lui étoit attaché, & que l'on regardoit comme un des Courtisans de Sa Majesté Prussienne; je le connoissois beaucoup, & il étoit grand ami de M. de Saint-Hyacinthe.

Il lut l'épître dédicatoire, l'examina avec beaucoup d'attention, fit quelques remarques grammaticales, & jugea qu'on pouvoit l'imprimer, en remarquant cependant que les louanges n'y étoient pas distribuées avec assez de délicatesse; effectivement, on ne pouvoit rien y ajouter; ce grand Prince y est représenté comme un Souverain aimable par sa bonté, admirable par sa justice, redoutable par sa valeur, l'admiration des étrangers, & la gloire de la Royauté.

M. de Saint-Hyacinthe s'apperçut lui-même « que ce ton, qui paroissoit approcher de la » flaterie, convenoit mieux à un Courtisan » qu'à un Philosophe; ». & il m'écrivit : *Si vous trouvez cette épître trop forte, plaignez-moi d'être dans la nécessité de la faire ; je crois cependant le fond de ce que je dis.*

Cette dédicace ne produisit aucun des effets qu'en avoit espéré l'Auteur; le Roi n'y fit pas la moindre attention. M. de Saint-Hyacinthe s'imagina que c'étoit l'effet des mauvais services que M. de Voltaire lui avoit rendus à la Cour de Prusse : c'est ce qu'on peut voir dans les lettres qu'il m'adressa, & que je vais rapporter.

Il m'écrivit le 8 Juillet 1744 : « J'ai reçu » une lettre de M. Jordan; il m'avoit écrit » quand j'envoyai à Berlin l'exemplaire pour » le Roi, avec plusieurs autres, qu'il l'avoit » fait tenir au Roi; & que dès que le Roi se- » roit de retour, & qu'il sauroit sa volonté, il » m'en informeroit. Voltaire passa dans ce » tems-là à Roterdam, en allant en Prusse; » M. de Bruas lui fit présent d'un exemplaire » de mes *Recherches*, croyant l'engager à me » rendre de bons offices en Prusse; Voltaire

» tint de moi beaucoup de mauvais discours ;
» & je me doutois bien qu'il me nuiroit de son
» mieux. En effet, j'ai été près d'un an sans
» recevoir des nouvelles de M. Jordan ; &
» pour m'assurer de la vérité de ce que je soup-
» çonnois, j'écrivis une lettre à M. Jordan,
» pour me plaindre de ce qu'après m'avoir
» écrit qu'il me manderoit son sentiment de
» mon Livre, quand il l'auroit lu, & celui de
» ses amis, il avoit oublié de me faire cette
» grace. Je ne lui parlai point du Roi ni de
» Voltaire, dont je disois seulement qu'un
» Poëte, à son retour de Berlin, avoit assuré à
» un de mes amis de Roterdam que mon Livre
» n'y avoit pas réussi ; mais que comme les
» Poëtes sont fort accoutumés à la fiction, je
» le priois, lui M. Jordan, de me dire au
» vrai ce qui en étoit, le priant de me croire
» assez galant homme pour penser que je pou-
» vois faire un mauvais Livre, & même pour
» me l'entendre dire. J'ai reçu une lettre con-
» certée, où l'on ne me dit pas un mot ni du
» Roi ni du Poëte, où on parle assez bien de
» mon Livre ; d'ailleurs, lettre polie, mais
» d'un froid poli, en comparaison des autres.
» Ainsi, mon très-cher ami, il n'y a rien à
» espérer de ce côté-là ; & qui en effet sera ami

B iv

» de Voltaire, ne le sera pas de moi. Si après
» le premier voyage que ce Poëte fit à Berlin,
» on ne m'eût pas écrit de Paris qu'il étoit
» revenu disgracié du Roi de Prusse, quelque
» admiration que j'eusse pour ce que j'apprends
» de ce Prince, je ne lui aurois pas fait l'hon-
» neur de lui dédier mon Livre; mais la chose
» est faite. »

M. Jordan, qui étoit en relation avec M. de Saint-Hyacinthe, étoit un homme de lettres, qui avoit une place à la Cour de Prusse; il est connu par plusieurs Ouvrages, & entr'autres par l'*Histoire de M. de la Croze*.

M. de Saint-Hyacinthe m'écrivit une autre lettre, dans laquelle il répete à-peu-près ce qu'il m'avoit déja mandé; elle est du 10 Octobre 1745: la voici.

« C'est Voltaire qui a mal disposé le Roi de
» Prusse à mon égard. Il arriva justement que
» ce Poëte alla en Prusse lorsque mes *Recher-*
» *ches* y arriverent; & le silence du Roi, qui
» ne m'a pas seulement fait dire qu'il les avoit
» reçues, est un effet de l'amitié de ce Prince
» pour ce Poëte; aussi je ne les lui aurois pas
» dédié, si je n'avois cru, sur ce qu'on m'avoit

» écrit, que leur amitié étoit rompue, bien
» persuadé que qui est ami de Voltaire, n'est
» pas propre à l'être de Saint-Hyacinthe. »

Ce fut la derniere lettre que je reçus de lui ; il mourut peu de temps après l'avoir écrite.

La haine avoit produit chez lui son effet ordinaire, un jugement très-injuste de son adversaire.

Lorsqu'il fut question de nommer M. de Voltaire à l'Académie Françoise, tout le monde applaudit à un choix si convenable. M. de Saint-Hyacinthe fut le seul qui le désapprouva. Il m'écrivoit de Saint-Jorry, le 17 Février 1743 :
« A l'égard de Voltaire, l'Académie sera bien
» honorée de recevoir dans le nombre des 40
» un homme sans mœurs, sans principes, qui
» ne sait pas sa langue, à moins qu'il ne l'ait
» étudiée depuis quelques années, & qui n'a
» de talent que celui que donne une imagina-
» tion vive, avec le talent de s'approprier tout
» ce qu'il peut trouver de bon chez les autres,
» avec quoi il fait des Ouvrages pleins de pen-
» sées belles, ou de traits brillans, qui ne sont
» pas de lui, & qui sont liés sans justesse, &
» mal assortis à ce qui est de lui. »

Comme je m'étois conduit dans le cours de cette

étrange dispute avec candeur & honnêteté, M. de Voltaire ne se plaignit jamais de moi, quoiqu'il ne pût ignorer mon intime liaison avec M. de Saint-Hyacinthe.

J'avois connu M. de Voltaire dans sa jeunesse ; je l'avois souvent vu chez M. de Pouilly mon frere, pour qui il avoit beaucoup d'estime. J'ai vu de ses lettres où il assuroit que M. de Pouilly raisonnoit aussi profondément que Bayle, & écrivoit aussi éloquemment que Bossuet.

Dans une lettre qu'il m'écrivoit de Cirey, le 29 Octobre 1738, en réponse au remerciment que je lui avois fait du Livre des *Elémens de Newton*, il me disoit, en parlant de la philosophie de Newton : « Cette philosophie a plus » d'un droit sur vous; elle est la seule vraie, » & M. votre frere de Pouilly est le premier » en France qui l'ait connue ; je n'ai que le » mérite d'avoir osé effleurer le premier en » public ce qu'il eût approfondi s'il l'eût voulu. »

M. de Saux, dans l'éloge historique qu'il a fait de M. de Pouilly, que l'on trouve à la tête de la derniere édition de la *Théorie des sentimens agréables*, a aussi remarqué que c'étoit lui qui le premier, en France, avoit osé sonder *les profondeurs dont on s'étoit contenté de demeurer étonné* ; c'est ainsi qu'il s'exprime en parlant du célebre Ouvrage de M. Newton.

J'avois vu auſſi pluſieurs fois M. de Voltaire chez Milord Bolingbroke, qui l'aimoit; je me ſouviens qu'un jour on parloit chez ce Seigneur de Pope & de Voltaire; il les connoiſſoit tous deux également; on lui demanda auquel des deux il donnoit la préférence: il nous répondit que c'étoient les deux plus beaux génies de France & d'Angleterre; mais qu'il y avoit bien plus de philoſophie dans la tête du Poëte Anglois que chez Voltaire.

Dans cette même lettre, que M. de Voltaire m'avoit écrite de Cirey, dont je viens de parler, il me faiſoit part de l'Ouvrage qu'il avoit entrepris, & auquel il donna le titre de *Siecle de Louis XIV*; il m'en parloit ainſi:
« Il y a quelques années, Monſieur, que j'ai
» commencé une eſpece d'hiſtoire philoſo-
» phique du ſiecle de Louis XIV. Tout ce qui
» peut paroître important à la poſtérité, doit
» y trouver ſa place; tout ce qui n'a été im-
» portant qu'en paſſant, y ſera omis; les pro-
» grès des arts & de l'eſprit humain tiendront,
» dans cet Ouvrage, la place la plus honorable;
» tout ce qui regarde la religion, y ſera traité
» ſans controverſe; & ce que le droit public a
» de plus intéreſſant pour la ſociété s'y trou-

» vera. Une loi utile sera préférée à des villes
» prises & rendues, à des batailles qui n'ont
» décidé de rien. On verra dans tout l'Ou-
» vrage le caractere d'un homme qui fait plus
» de cas d'un Ministre qui fait croître deux
» épis de bled, là où la terre n'en portoit qu'un,
» que d'un Roi qui achete ou qui saccage une
» Province. Si vous avez, Monsieur, quelque
» anecdote digne des Lecteurs philosophes, je
» vous supplierois de m'en faire part. Quand on
» travaille pour la vérité, on doit hardiment
» s'adresser à vous, & on peut compter sur du
» secours. Je suis, Monsieur, avec les senti-
» mens d'estime les plus respectueux, &c. »

En répondant à cette lettre, je fis part à M. de Voltaire de quelques observations dont il ne fut pas mécontent, puisque, dans la premiere lettre qu'il m'écrivit, à l'occasion de sa querelle avec M. de Saint-Hyacinthe, que l'on a rapportée plus haut, *il me remercioit de mes bons documens*, & qu'il ajoutoit : *il faudroit avoir l'honneur de vivre avec vous, pour mettre fin à la grande entreprise à laquelle je travaille.* C'étoit un compliment dont je conclus seulement qu'il n'avoit pas désapprouvé les avis que je lui avois donnés.

Sa dispute avec M. de Saint-Hyacinthe ne

changea point du tout sa façon de penser à mon égard, & j'ai toujours eu sujet de me louer de ses procédés. Je raporterai quelques-unes de ses lettres, qui démontreront qu'il ne m'a jamais su mauvais gré de l'amitié que j'avois conservée avec M. de Saint-Hyacinthe jusqu'à sa mort.

Je lui envoyai la vie que j'avois fait d'E-rasme ; ce présent m'attira la réponse la plus honnête, la voici :

Aux Délices, près de Geneve, 10. Mai 1757.

« Je ne puis trop vous remercier, Monsieur,
» de votre présent ; vous vous associez à la gloire
» d'Erasme & de Grotius, en écrivant si bien
» leur histoire. On lira plus ce que vous dites
» d'eux, que leurs Ouvrages. Il y a mille anec-
» dotes dans ces deux vies qui sont bien pré-
» cieuses pour les gens de lettres. Ces deux
» hommes sont assez heureux d'être venus avant
» ce siecle. Il nous faut aujourd'hui quelque
» chose d'un peu plus fort ; ils sont venus au
» commencement du repas ; nous sommes ivres
» à présent ; nous demandons du vin du Cap &
» de l'eau des Barbades. J'espere vous présenter
» dans un an, si je vis, cette histoire générale,

» dont vous avez souffert l'esquisse. Je n'ai pas
» peint les Docteurs assez ridicules, les hommes
» d'Etat assez méchans, & la nature humaine
» assez folle ; je me corrigerai ; je dirai moins
» de vérités triviales, & plus de vérités inté-
» ressantes. Je m'amuse à parcourir les petites
» maisons de l'univers ; il y a peut-être de la
» folie à cela ; mais elle est instructive. L'his-
» toire des dates, des généalogies, des villes
» prises & reprises, a son mérite ; mais l'his-
» toire des mœurs vaut mieux à mon gré : en
» tout cas, j'écrirai sur les hommes moins
» qu'on a écrit sur les insectes. Je finis pour
» reprendre l'histoire de Grotius, & pour avoir
» un nouveau plaisir. Conservez-moi vos bon-
» tés, Monsieur, & soyez persuadé de la tendre
» estime de votre très-humble & très-obéissant
» serviteur, *l'Hermite Voltaire.* »

Après que M. de Voltaire eut donné au Public son Histoire universelle, je ne craignis pas de lui représenter qu'il s'y trouvoit beaucoup de faits racontés avec peu d'exactitude. Ma critique étoit accompagnée de cette honnêteté dont les gens de lettres ne devroient jamais s'écarter ; aussi fut-elle très-bien reçue ; & il m'écrivit une lettre à ce sujet, qui prouve qu'il écoutoit avec plaisir les avis qu'on lui donnoit. En voici quelques morceaux.

A Monrion, près de Lausanne, 14 Février.

« L'esprit dans lequel j'ai écrit, Monsieur,
» ce foible essai sur l'Histoire, a pu trouver
» grace devant vous & devant quelques Philo-
» sophes de vos amis. Non-seulement vous
» pardonnez aux fautes de cet Ouvrage, mais
» vous avez la bonté de m'avertir de celles qui
» vous ont frappé ; je reconnois, à ce bon
» office, les sentimens de votre cœur & le frere
» de ceux qui m'ont toujours honoré de leur
» amitié. Recevez, Monsieur, mes sinceres &
» tendres remercimens. Je ne manquerai pas
» de rectifier ces erreurs, & encore moins
» l'obligation que je vous ai. »

Il m'écrivit une seconde lettre, datée de Monrion, près de Lausanne, le 20 Mars 1757, où il me réitere, ce sont ses termes, « ses sin-
» ceres & tendres complimens ; je vous en dois
» beaucoup, pour les bontés que vous avez eues
» de remarquer quelques-unes de ces inadver-
» tances de l'Histoire générale. Je ne vous en-
» verrai cette Histoire qu'avec les corrections
» dont je vous ai l'obligation. »

Il ne regardoit cette première édition que comme un essai & comme une occasion de recueillir les avis des hommes éclairés ; c'est ainsi qu'il s'explique dans cette même lettre.

Il finissoit une autre lettre qu'il m'écrivoit, par cette politesse : « Je me recommande à » vous, Monsieur, comme à un homme de » lettres, à un Philosophe pour qui j'ai eu » toujours autant d'estime que d'attachement » pour votre famille. »

Je pourrois encore rapporter d'autres lettres de M. de Voltaire ; mais celles-ci suffisent pour vous prouver que sa haine, son mépris & sa colere contre M. de Saint-Hyacinthe n'ont jamais influé sur moi, qu'il savoit être son intime ami ; & qu'avant & après cette violente dispute, il a toujours eu pour moi les égards les plus honnêtes.

Voilà, Monsieur l'Abbé, un compte très-exact de tout ce qui s'est passé dans cette querelle, qui m'a causé beaucoup de chagrin, parce qu'elle ne faisoit honneur ni à l'un ni à l'autre des deux adversaires que j'aimois & estimois ; l'un m'étoit très-cher, & l'autre étoit regardé par la nation, par l'Europe même, comme un des plus beaux génies que la France ait jamais eu.

Je

Je vous prie, Monsieur, de regarder cette lettre, que je n'ai écrite qu'avec répugnance, comme une preuve de l'empire que vous avez sur moi, & de l'estime respectueuse avec laquelle j'ai l'honneur d'être votre très-humble & très-obéissant serviteur, &c.

A Paris, ce 9 Janvier 1789.

www.ingramcontent.com/pod-product-compliance
Lightning Source LLC
Chambersburg PA
CBHW060720050426
42451CB00010B/1548